RABEN INSEL

KROKODIL BUCHT

PIRATEN INSEL

Jeremias & Tabea haben sich 2015 in Berlin kennengelernt
und ineinander verliebt. Heute leben sie zusammen
mit ihrem Sohn Vito in Kreuzberg und schreiben
Kinderbücher. Tabea illustriert und Jeremias erzählt
dazu Geschichten über Freunde, Mut, Glück,
Liebe und Abenteuer.

Mit dem Kinderbuch „Wie das Kuscheln erfunden wurde"
gelang dem Autorenpaar bereits ein Bestseller.
„Wir sind die Familienbande" setzt die Geschichte von
Murmeltier und Waschbär nun fort.
Für Küken ist es das allererste Abenteuer.

Extras und Überraschungen zum Buch findest Du auf

www.jeremiasundtabea.de/familie

Mentor Verlag
A Decade GmbH, Berlin
Erstauflage März 2018
ISBN 978-3-9819289-9-0

www.jeremiasundtabea.de

Wir sind die Familienbande

erzählt und illustriert von
Jeremias & Tabea

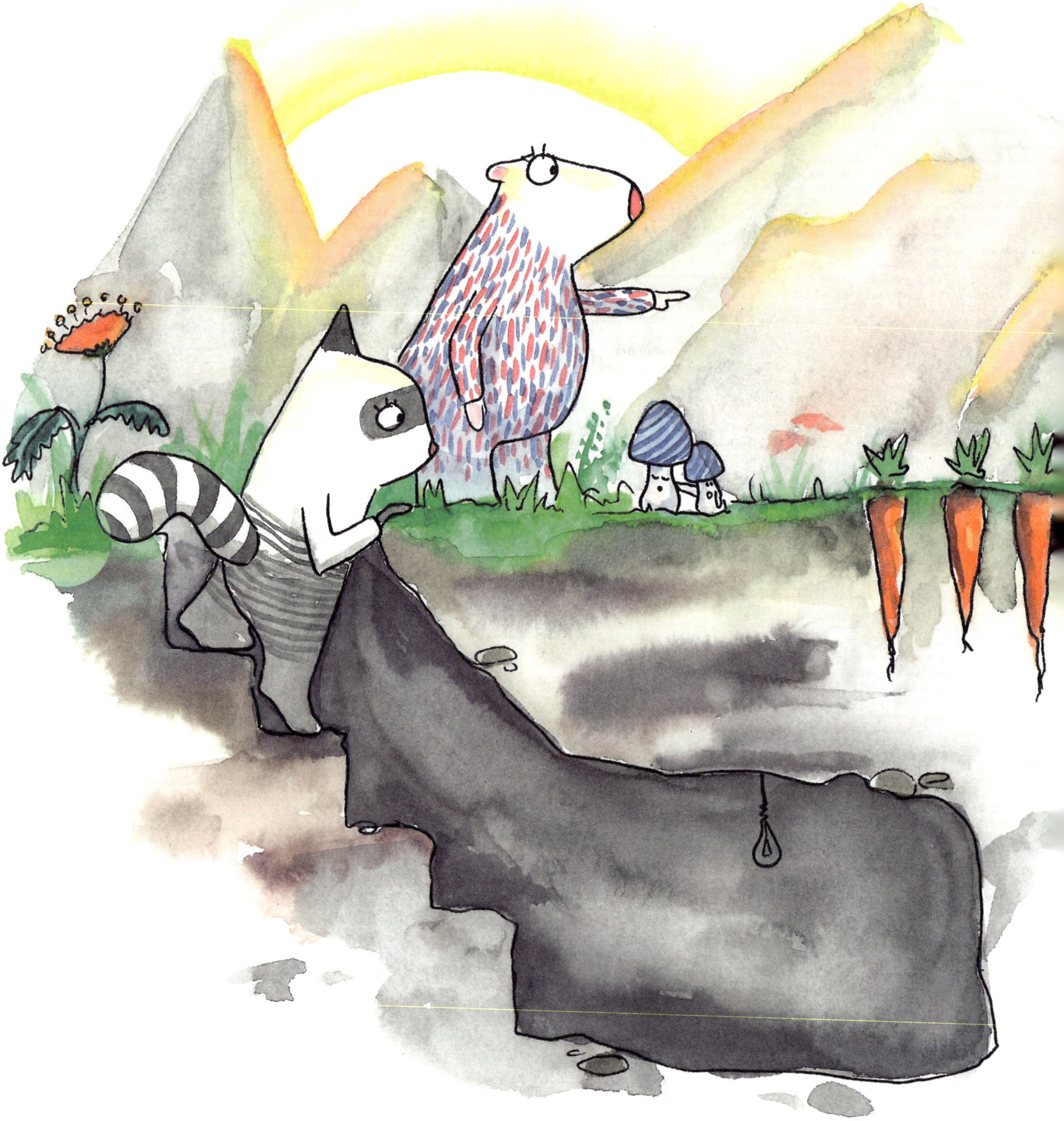

Murmeltier und Waschbär waren
Freunde schon seit vielen Jahren.
Eines Morgens nach dem Schlafen
finden sie ein Ei im Garten.

Waschbär will das Ei bemalen,
nimmt ein Eimerchen mit Farben.
Plötzlich knackst die Eierschale,
schaut heraus ein kleiner...

... Schnabel.

Kracks - schon steht das Ei auf Füßen,
piepst und hüpft schon voll Vergnügen,
um den Waschbär'n zu begrüßen.
Kracks - da schlüpft ein kleines Küken.

Waschbär schaut erst ganz verwirrt,
weiß nicht recht, was da passiert.
Gut, dass Murmeltier kapiert,
dass das kleine Küken friert.

Murmeltier nimmt sanft das arme,
zarte Küken in die Arme,
trägt es schnell hinein ins Warme,
füttert es mit Marmelade.

Waschbär baut derweil ein Bettchen,
weiches Kissen, warmes Deckchen,
legt das Küken in das Nestchen
und schon schläft es wie ein Kätzchen.

Waschbär träumt von fernen Sternen,
Murmeltier von kleinen Zwergen,
Küken träumt vom Sprechenlernen
und davon, ganz groß zu werden.

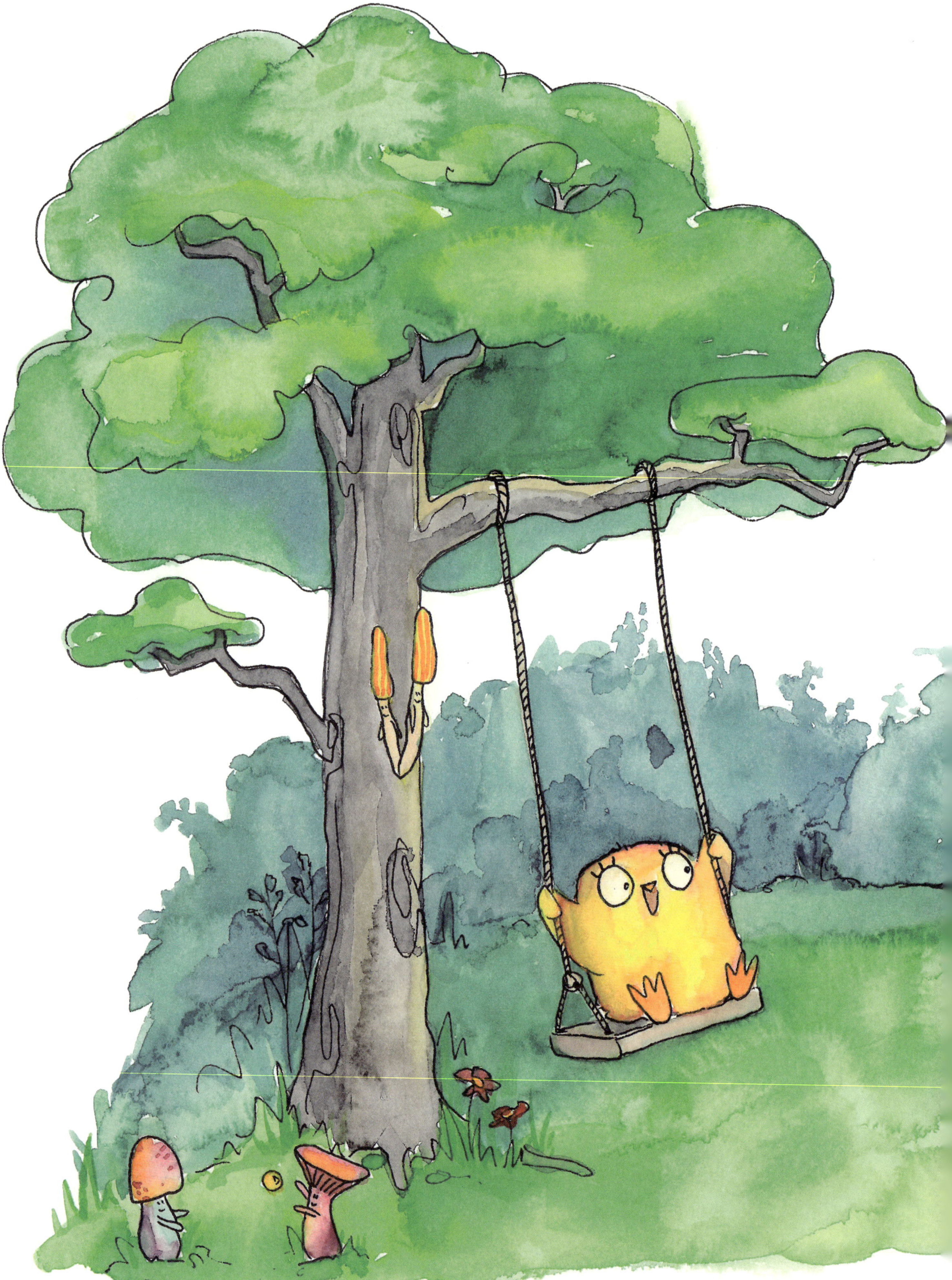

Sprechen lernt das Küken schnell,
weil es viele Fragen stellt:
„Sagt mir, warum bin ich gelb
und wie kam ich auf die Welt?"

„Das könn' wir dir auch nicht sagen.
Komm, wir fahren, um zu fragen
übers Meer zum klugen Raben,
er wird eine Antwort haben."

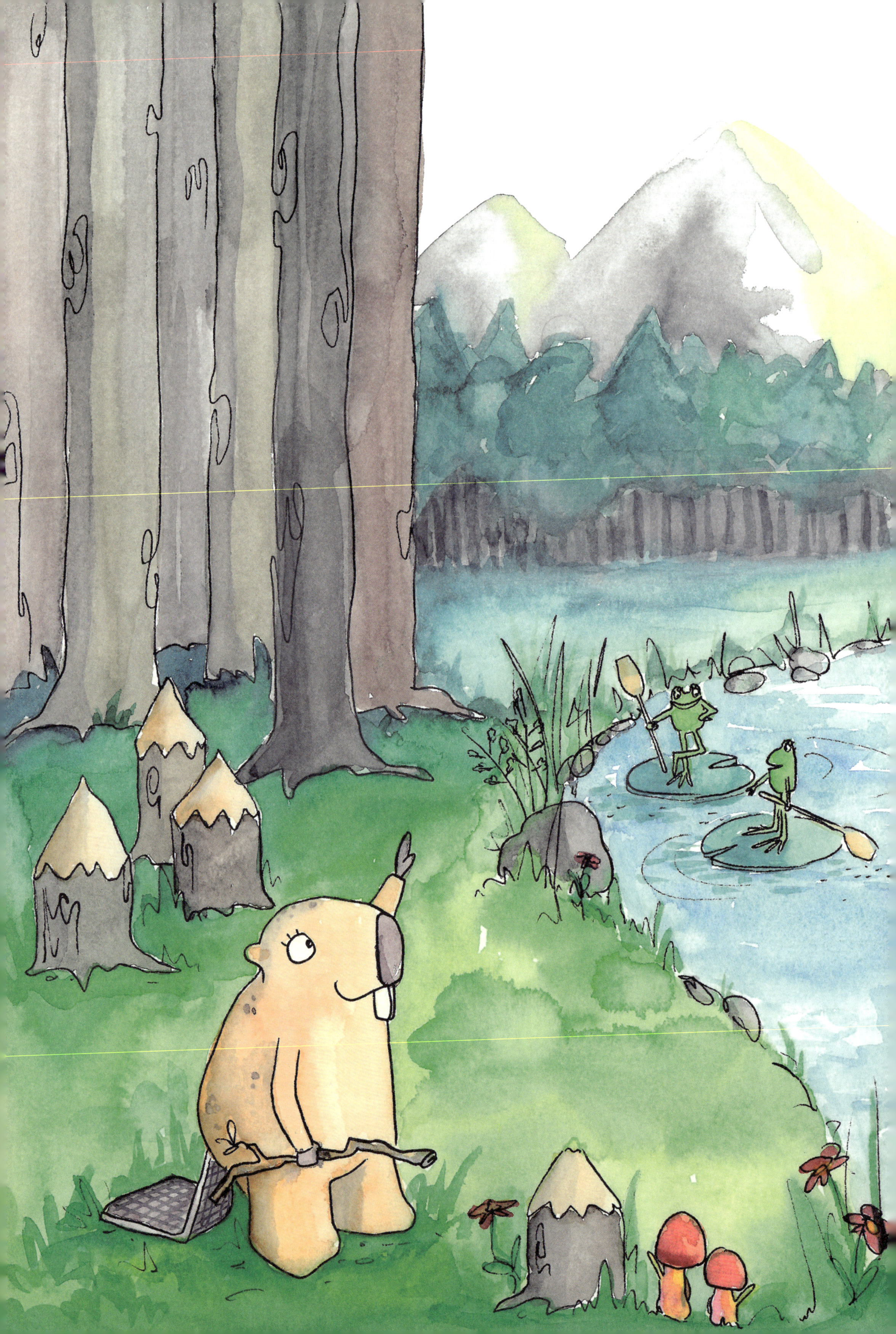

Raus aufs Meer, da fährt kein Bus,
also laufen sie zum Fluss.
Biber baut ein kleines Floß
und schon geht die Reise los.

Auf dem Fluss herrscht viel Verkehr,
alle fahren kreuz und quer.
Dafür ist der Weg nicht schwer,
es fließt jeder Fluss ins Meer.

Doch das Meer ist voll Gefahren:
„Seht ihr nicht die schwarzen Fahnen?",
will die Möwe sie noch warnen,
da sind sie schon eingeschlafen.

Wer wird wohl nur darauf warten,
dass die kleinen Tiere schlafen,
um dann heimlich zuzuschlagen?
Sowas wagen nur …

.... Piraten.

Halten sich nicht an Verbote,
schwingen vom Kanonenboote
und mit Säbel und Pistole
rauben sie die Butterbrote.

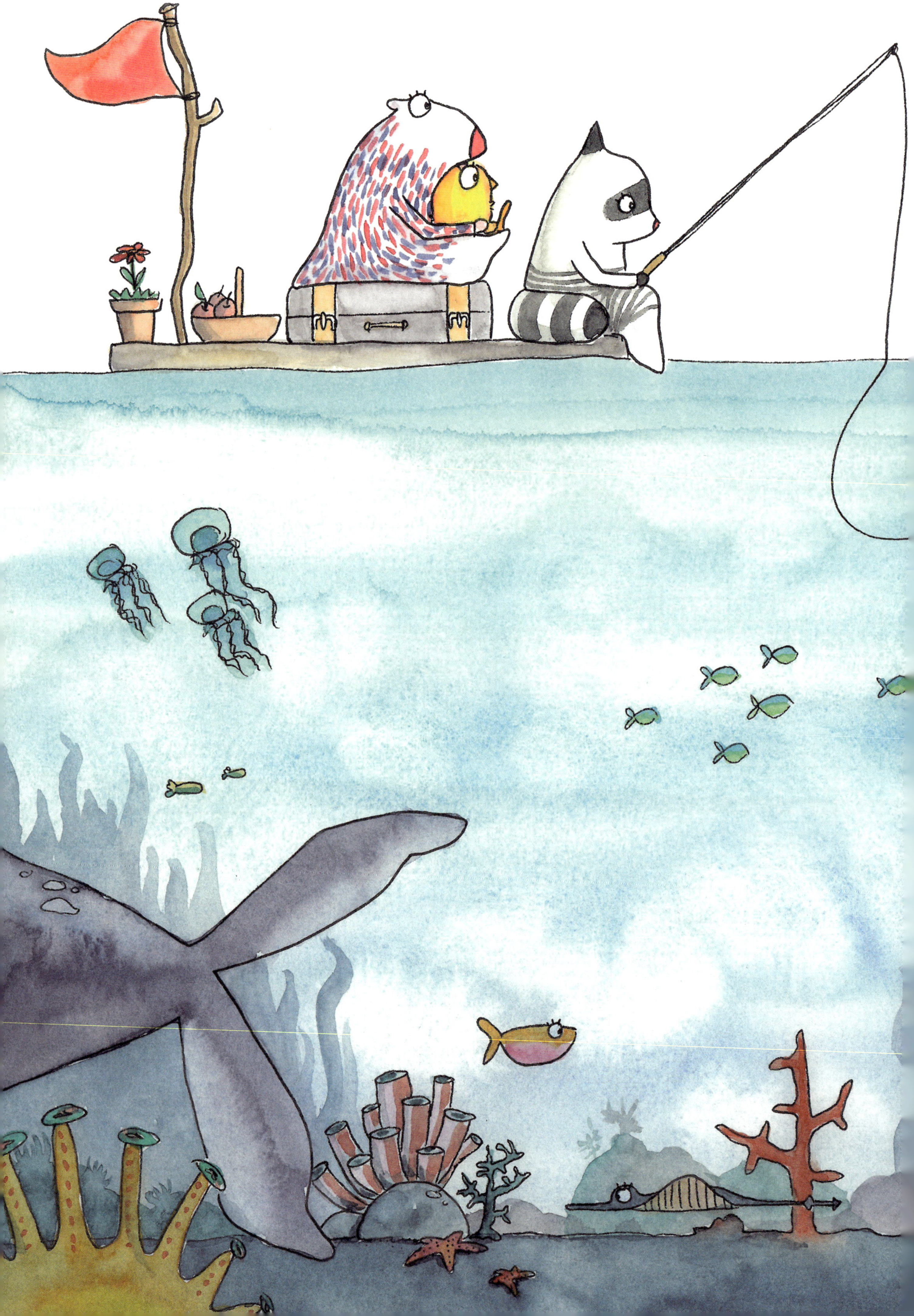

Oh, das waren üble Typen.
Waschbär, Murmeltier und Küken
rudern hungrig Richtung Süden,
müssen nun das Angeln üben.

Wird der Hunger schrecklich groß,
nimmt das Murmeltier zum Trost
Küken zu sich auf den Schoß.
Kuscheln hilft in jeder Not.

Dann fängt Waschbär einen Fisch,
Murmeltier deckt gleich den Tisch.
Auch wenn es nur wenig ist,
jeder kriegt ein' kleinen Biss.

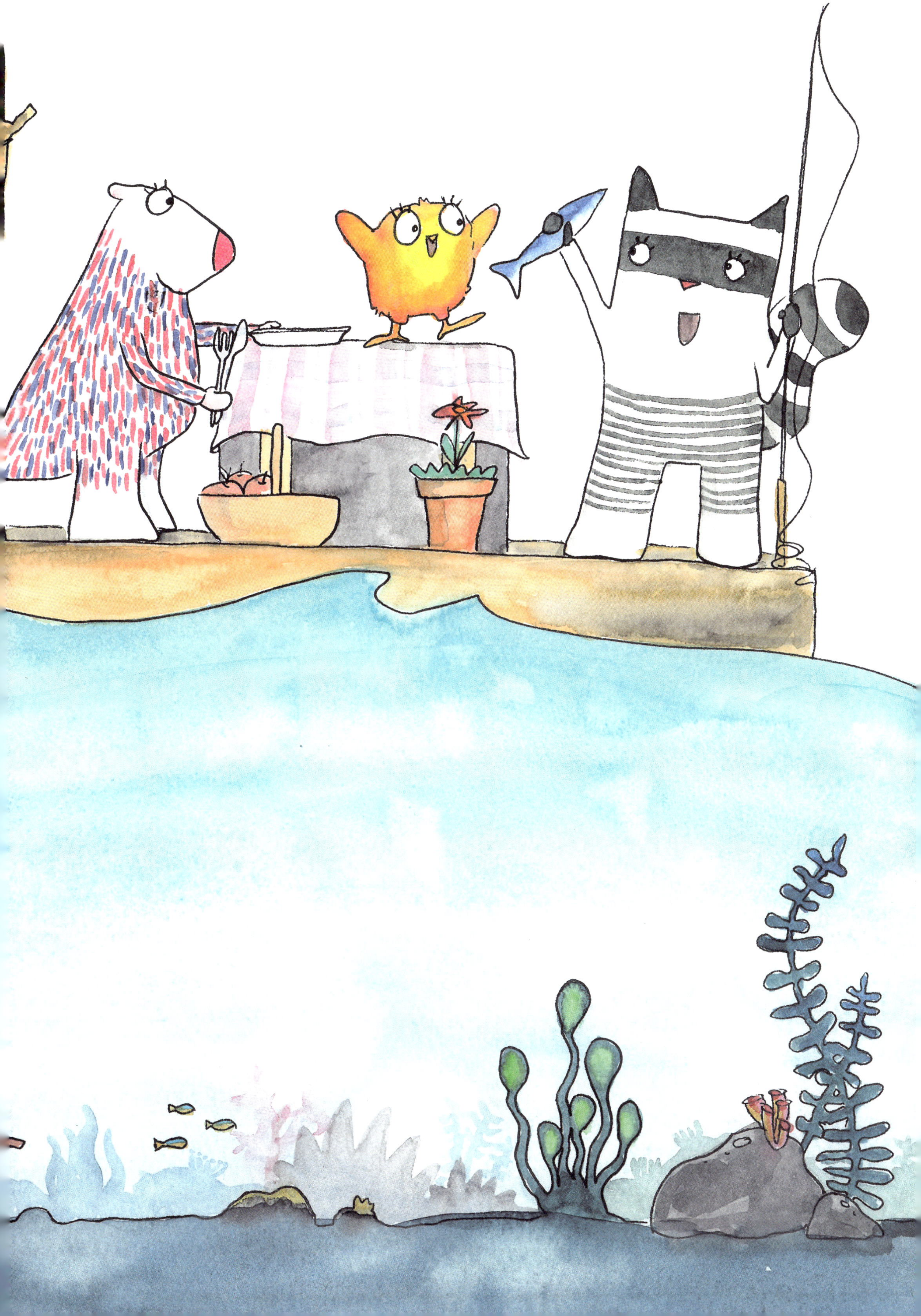

Mit dem Fernrohr in der Hand
ruft das Küken: „Ich seh Land!"
Auf der Insel angelangt,
laufen sie den Strand entlang.

Schmerzen auch nach einer Weile
Küken seine müden Beine,
tragen an den Flügeln beide
Freunde es zum Ziel der Reise.

Über Stock und über Steine.
Dort auf einem Blütenzweige
spricht der weise Rabe leise
seine rätselhaften Reime:

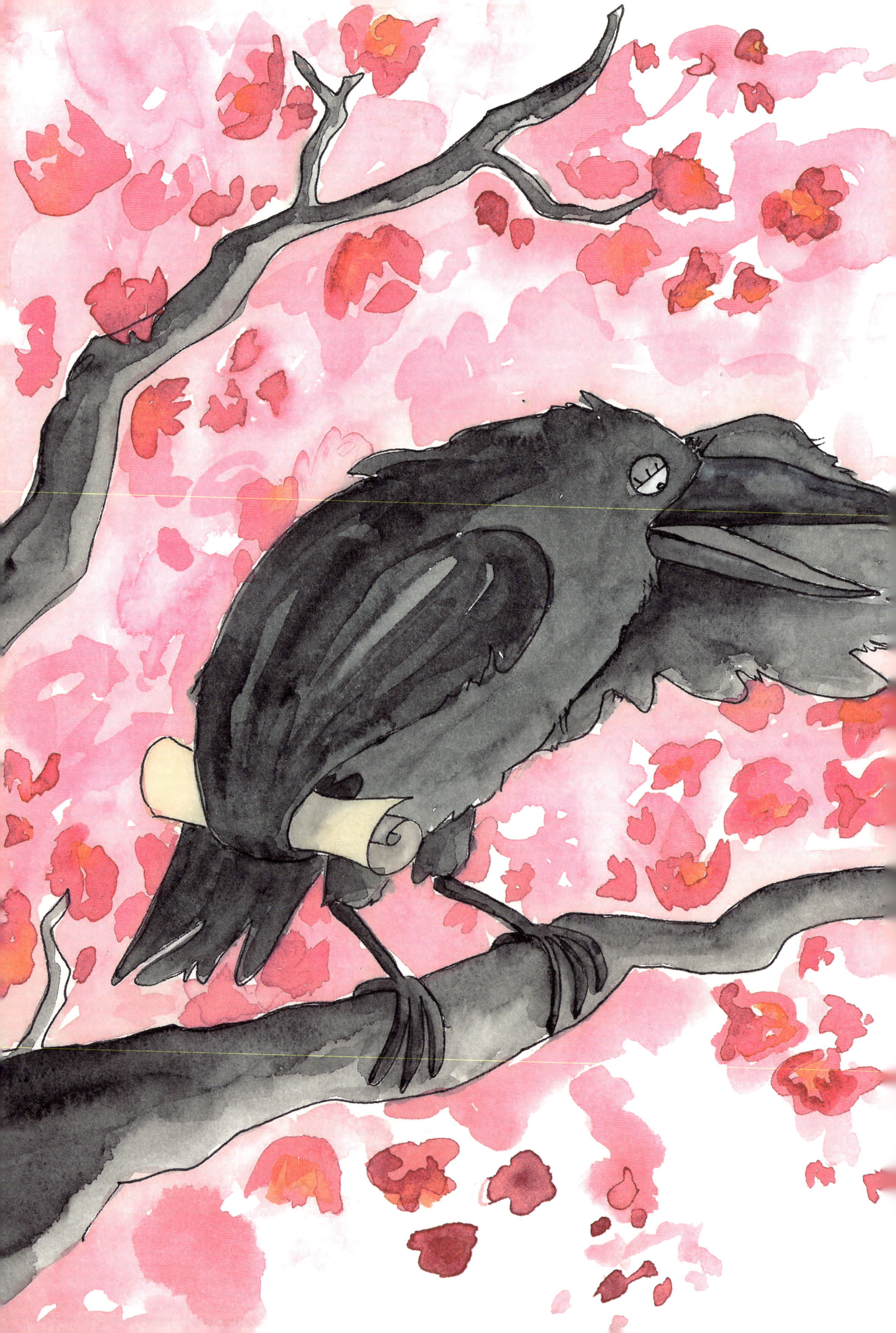

„War erst Henne oder Ei?
Das ist völlig Einerlei!
Eins ist klar, ihr wart erst zwei
und jetzt seid ihr plötzlich drei.

In der Not habt ihr zu dritt
euch geteilt den letzten Biss,
euch getragen für ein Stück,
das nenn' ich Familienglück!

Das zählt mehr als alles andre!
Dafür schenk' ich euch zum Danke
das euch wohl noch unbekannte
Lied von der Familienbande."

„Wir sind die Familienbande,
uns wird niemals Angst und Bange.
Tiger, Krokodil und Schlange
braten wir uns in der Pfanne!

Wir sind stärker als ein Riese,
groß wie eine Pyramide.
Uns verbindet Mut und Liebe.
Wir zusammen sind Familie!"

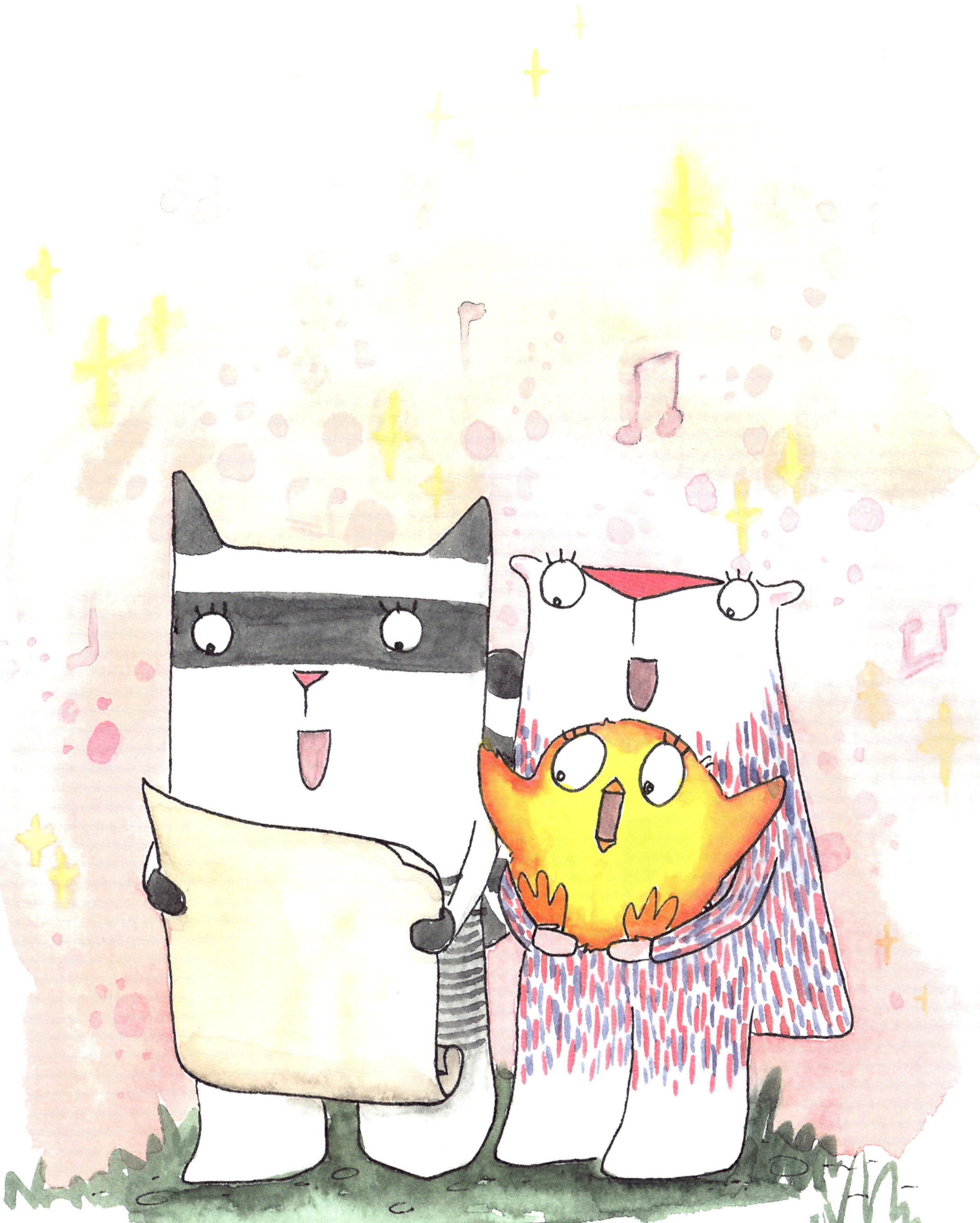

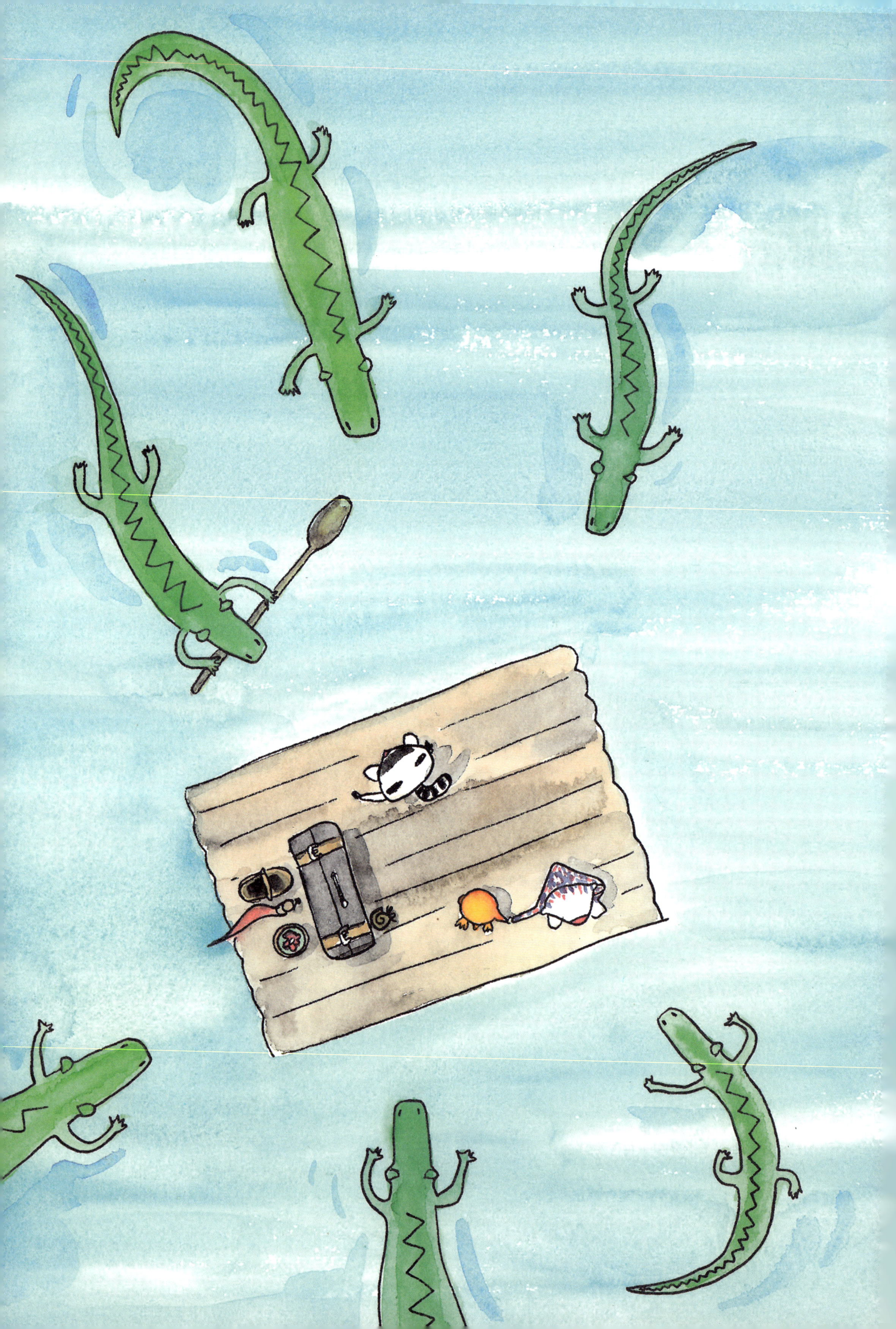

Auf der Fahrt zurück nach Haus'
tauchen Krokodile auf
und das Ruder wird geklaut,
doch da spricht das Küken laut:

„Halt, ihr fiesen Krokodile!
Wir sind zwar nur halb so viele,
doch vertreiben miese Diebe
einfach so mit diesem Liede!"

„Wir sind die Familienbande,
uns wird niemals Angst und Bange.
Tiger, Krokodil und Schlange
braten wir uns in der Pfanne!

Wir sind stärker als ein Riese,
groß wie eine Pyramide.
Uns verbindet Mut und Liebe.
Wir zusammen sind Familie!"

Alle Krokodile schwören,
als sie dieses Liedchen hören:
„Nie mehr werden wir euch stören,
essen ab jetzt nur noch Möhren."

Weiter geht die Fahrt durchs Blaue,
bis das Küken sagt: „Ich glaube,
ich brauch eine kleine Pause."
Doch da sind sie schon zu Hause.

Abends in der Badewanne
sangen alle drei noch lange
laut das heute weltbekannte
Lied von der Familienbande.

BIBER BAU

HÖHLE